Il mio libro illustrato bilingue
我的双语图画书

Le più belle storie per bambini di Sefa in un unico volume

Ulrich Renz • Barbara Brinkmann:

Dormi bene, piccolo lupo · 好梦，小狼仔
Hǎo mèng, xiǎo láng zǎi

Per bambini dai 2 anni in su

Cornelia Haas • Ulrich Renz:

Il mio più bel sogno · 我最美的梦乡

Per bambini dai 2 anni in su

Ulrich Renz • Marc Robitzky:

I cigni selvatici · 野天鹅
Yě tiān'é

Tratto da una fiaba di Hans Christian Andersen

Per bambini dai 5 anni in su

© 2024 by Sefa Verlag Kirsten Bödeker, Lübeck, Germany. www.sefa-verlag.de

Special thanks to Paul Bödeker, Freiburg, Germany

All rights reserved.

ISBN: 9783756304943

Traduzione:

Margherita Haase (italiano)

Li Wu (cinese)

Audiolibro e video:

www.sefa-bilingual.com/bonus

Accesso gratuito con la password:

italiano: **LWIT1829**

cinese: **LWZH3517**

Dormi bene, piccolo lupo

好梦，小狼仔
Hǎo mèng, xiǎo láng zǎi

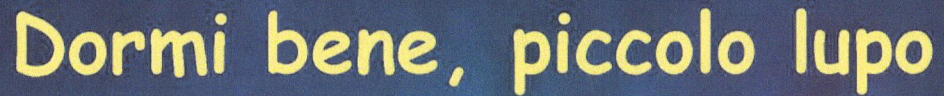

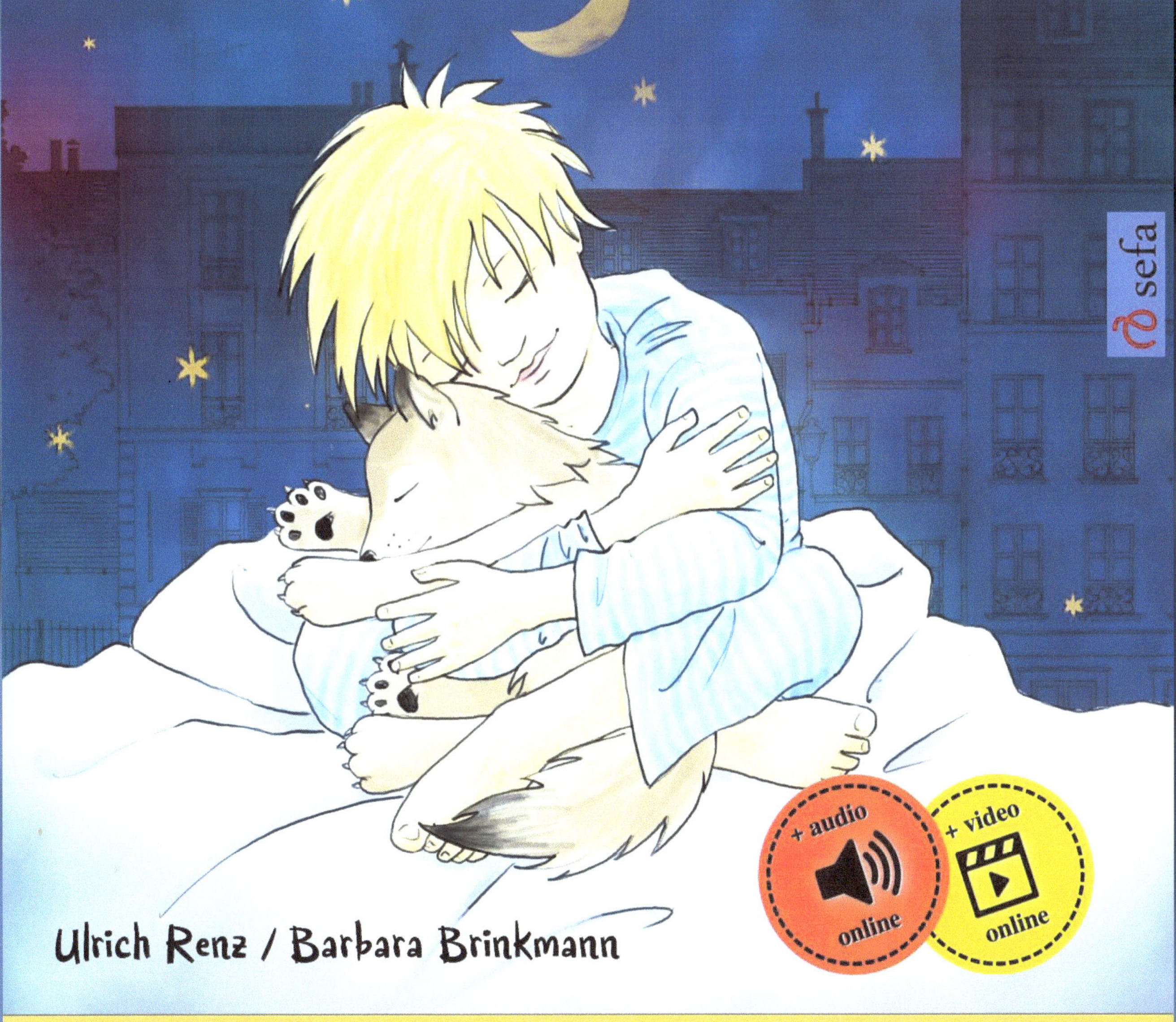

Ulrich Renz / Barbara Brinkmann

italiano **bilingue** cinese

sefa

Buona notte, Tim! Domani continuiamo a cercare.
Adesso però dormi bene!

晚安,提姆!我们 明天 再接着 找。现在 先 睡觉 吧!
Wǎn'ān, Tímǔ! Wǒmen míngtiān zài jiēzhe zhǎo. Xiànzài xiān shuìjiào ba!

Fuori è già buio.

窗 外 天 已经 黑 了。
Chuāng wài tiān yǐjīng hēi le.

Ma cosa fa Tim?

提姆在那儿做什么呢?
Tímǔ zài nàr zuò shénme ne?

Va al parco giochi.

Che cosa sta cercando?

他出去，去游戏场。
Tā chū qù, qù yóuxì chǎng.

他在那儿找什么呢？
Tā zài nàr zhǎo shénme ne?

Il piccolo lupo.

Senza di lui non riesce a dormire.

小 狼 仔！
Xiǎo láng zǎi!

没有 小 狼 仔 他就 无法入睡。
Méiyǒu xiǎo láng zǎi tā jiù wúfǎ rùshuì.

Ma chi sta arrivando?

谁 来了?
Shéi lái le?

Marie! Lei sta cercando la sua palla.

是 玛丽! 她在找 她的球。
Shì Mǎlì! Tā zài zhǎo tā de qiú.

E Tobi cosa cerca?

托比 在找 什么 呢？
Tuōbǐ zài zhǎo shénme ne?

La sua ruspa.

他 的 挖掘机。
Tā de wājuéjī.

E cosa cerca Nala?

那么 纳拉 在找 什么 呢?
Nàme Nàlā zài zhǎo shénme ne?

La sua bambola.

她的 小 娃娃。
Tā de xiǎo wáwa.

Ma i bambini non devono andare a letto?
Il gatto si meraviglia.

小 朋友们 不该去 睡觉 吗？
Xiǎo péngyǒumen bù gāi qù shuìjiào ma?

猫咪 心里很 纳闷。
Māomi xīn lǐ hěn nàmèn.

E adesso chi sta arrivando?

现在 谁 来 啦？
Xiànzài shéi lái la?

La mamma e il papà di Tim.

Senza il loro Tim non riescono a dormire.

提姆的爸爸和妈妈！没有提姆他们也无法入睡。
Tímǔ de bàba hé māma! Méiyǒu tímǔ tāmen yě wúfǎ rù shuì.

Ed ecco che arrivano anche altri!

Il papà di Marie. Il nonno di Tobi. E la mamma di Nala.

那儿又有人来了!
Nàr yòu yǒurén lái le!

玛丽的爸爸,托比的爷爷,还有纳拉的妈妈也来了。
Mǎlì de bàba, Tuōbǐ de yéyé, háiyǒu Nàlā de māmā yě lái le.

Ma adesso svelti a letto!

现在 得 快快 睡觉 去了！
Xiànzài děi kuàikuai shuìjiào qù le!

Buona notte, Tim!

Domani non dobbiamo più cercare.

晚安，提姆！我们 明天 不用 再找 了。

Wǎn'ān, Tímǔ! Wǒ men míngtiān bùyòng zài zhǎo le.

Dormi bene, piccolo lupo!

好梦，小 狼 仔！
Hǎo mèng, xiǎo láng zǎi!

Cornelia Haas • Ulrich Renz

Il mio più bel sogno
我最美的梦乡

Traduzione:

Clara Galeati (italiano)

王雁行 (Yanxing Wang) (cinese)

Audiolibro e video:

www.sefa-bilingual.com/bonus

Accesso gratuito con la password:

italiano: `BDIT1829`

cinese: `BDZH3517`

Lulù non riesce ad addormentarsi. Tutti gli altri stanno già sognando – lo squalo, l'elefante, il topolino, il drago, il canguro, il cavaliere, la scimmia, il pilota. E il leoncino. Anche all'orso stanno crollando gli occhi …

Ehi orso, mi porti con te nel tuo sogno?

露露 睡 不着 觉。她周围 的 一切都 已
Lùlu shuì bù zháo jiào. Tā zhōuwéi de yíqìe dōu yǐ

进入梦乡。 小 鲨鱼, 大象, 小 老鼠,
jìnrù mèngxiāng. Xiǎo shāyú, dàxiàng, xiǎo lǎoshǔ,

龙, 袋鼠, 骑士, 小猴, 宇航员, 还有
lóng, dàishǔ, qíshì, xiǎohóu, yǔhángyuán, háiyǒu

小 狮子。就是 小熊 也是 两 眼皮 直
xiǎo shīzi. Jiù shì xiǎoxióng yě shì liǎng yǎnpí zhí

打架, 快 撑 不住 了…
dǎjià, kuài chēng bú zhù le…

小熊, 带我一起去你的 梦乡, 好吗？
Xiǎoxióng, dài wǒ yíqǐ qù nǐ de mèngxiāng, hǎoma?

E così Lulù è già nel paese dei sogni degli orsi. L'orso cattura pesci nel lago Tagayumi. E Lulù si chiede chi potrebbe mai vivere là su quegli alberi? Quando il sogno è finito, Lulù vuole provare qualcos'altro. Vieni, andiamo a trovare lo squalo! Che cosa starà sognando?

话音未落,露露就到了小熊的梦乡。小熊在塔嘎禹迷湖里钓鱼。

露露寻思着,这树上住的究竟是谁?从小熊的梦乡里出来,露露

还没玩够。来,我们一起去找小鲨鱼,看看它的梦乡里有什么。

Lo squalo sta giocando ad acchiapparella con i pesci. Finalmente ha degli amici! Nessuno ha paura dei suoi denti aguzzi.
Quando il sogno è finito, Lulù vuole provare qualcos'altro. Venite, andiamo a trovare l'elefante! Che cosa starà sognando?

小鲨鱼在和其他小鱼玩抓人游戏。小鲨鱼终于也有朋友了。

没人害怕它的尖牙了。从小鲨鱼的梦乡里出来,露露还没玩够。

来,我们一起去找大象,看看它的梦乡里有什么。

L'elefante è leggero come una piuma e può volare! Sta per atterrare sul prato celeste.
Quando il sogno è finito, Lulù vuole provare qualcos'altro. Venite, andiamo a trovare il topolino! Che cosa starà sognando?

大象竟然轻如羽毛,它还能飞!不久,大家都在天空草坪上登陆了。从大象的梦乡里出来,露露还没玩够。

来,我们一起去找小老鼠,看看它的梦乡里有什么。

Il topolino sta guardando la fiera. Gli piacciono particolarmente le montagne russe.

Quando il sogno è finito, Lulù vuole provare qualcos'altro. Venite, andiamo a trovare il drago! Che cosa starà sognando?

小老鼠 在 游乐场 里玩。它最喜欢 的是 过山车。
Xiǎoláoshǔ zài yóulèchǎng lǐ wán. Tā zuì xǐhuān de shì guòshānchē.

从 小 老鼠 的 梦乡 里出来,露露还 没 玩 够。
Cóng xiǎo lǎoshǔ de mèngxiāng lǐ chūlái, Lùlu hái méi wán gòu.

来,我们 一起去找 龙,看看 它的梦乡 里有 什么。
Lái, wǒmen yìqǐ qù zhǎo lóng, kànkàn tā de mèngxiāng lǐ yǒu shénme.

Il drago, a furia di sputare fuoco, ha sete. Gli piacerebbe bersi l'intero lago di limonata.

Quando il sogno è finito, Lulù vuole provare qualcos'altro. Venite, andiamo a trovare il canguro! Che cosa starà sognando?

龙喷火喷得口渴了。它真想一口气把汽水湖喝干。

从龙的梦乡里出来,露露还没玩够。

来,我们一起去找袋鼠,看看它的梦乡里有什么。

Il canguro sta saltando nella fabbrica di dolciumi e si riempe il marsupio.
Ancora caramelle blu! E ancora lecca-lecca! E cioccolata!
Quando il sogno è finito, Lulù vuole provare qualcos'altro. Venite, andiamo a trovare il cavaliere! Che cosa starà sognando?

袋鼠 在 糖果厂 里蹦达，它把胸前 的 袋子 塞得满满 的。再 多 拿点
Dàishǔ zài tángguǒchǎng lǐ bèngda, tā bǎ xiōngqián de dàizi sāi de mǎnmǎn de. Zài duō ná diǎn

蓝颜色 的 糖！还有 棒棒糖！ 还有 巧克力！从 袋鼠 的 梦乡 里出来，
lányánsè de táng! Háiyǒu bàngbangtáng! Háiyǒu qiǎokèlì! Cóng dàishǔ de mèngxiāng lǐ chūlái,

露露还没 玩 够。来，我们 一起去找 骑士，看看 他的 梦乡 里有 什么。
Lùlu hái méi wán gòu. Lái, wǒmen yìqǐ qù zhǎo qíshì, kànkan tā de mèngxiāng lǐ yǒu shénme.

Il cavaliere sta facendo una battaglia di torte con la principessa dei suoi sogni.
Oh! La torta alla panna va nella direzione sbagliata!
Quando il sogno è finito, Lulù vuole provare qualcos'altro. Venite, andiamo a trovare la scimmia! Che cosa starà sognando?

骑士正和他心目中的美丽公主互相扔蛋糕玩。
Qíshì zhèng hé tā xīnmù zhōng de měilì gōngzhǔ hùxiāng rēn dàngāo wán.

哎呀，奶油蛋糕扔偏了。从骑士的梦乡里出来，露露还没玩够。
Āiyā, nǎiyóu dàngāo rēng piān le. Cóng qíshì de mèngxiāng lǐ chūlái, Lùlu hái méi wán gòu.

来，我们一起去找小猴子，看看它的梦乡里有什么。
Lái, wǒmen yìqǐ qù zhǎo xiǎohóuzi, kànkàn tā de mèngxiāng lǐ yǒu shénme.

Finalmente ha nevicato in Scimmialandia! L'intera combriccola di scimmie non sta più nella pelle e si comportano tutte come in una gabbia di matti.
Quando il sogno è finito, Lulù vuole provare qualcos'altro. Venite, andiamo a trovare il pilota! In che sogno potrebbe essere atterrato?

猴乡 终于 也下雪 了。猴子 们 乐开了花。个个 开始 猴闹。
Hóuxiāng zhōngyú yě xiàxuě le. Hóuzi men lè kāi le huā. Gège kāishǐ hóunào.

从 猴子 的梦乡 里出来，露露还 没 玩 够。
Cóng hóuzi de mèngxiāng lǐ chūlái, Lùlu hái méi wán gòu.

来，我们 一起去找 宇航员， 看看 他的梦乡 里有 什么。
Lái, wǒmen yìqǐ qù zhǎo yǔhángyuán, kànkàn tā de mèngxiāng lǐ yǒu shénme.

Il pilota vola e vola ancora. Fino ai confini della terra e ancora più lontano, fino alle stelle. Non ce l'ha fatta nessun altro pilota.
Quando il sogno è finito, sono già tutti molto stanchi e non vogliono più continuare a provare così tanto. Però il leoncino, vogliono ancora andare a trovarlo. Che cosa starà sognando?

宇航员飞呀飞,飞到了世界的尽头。还继续往前,飞到了星星上。以前可还没人能飞得那么远呢。从宇航员的梦乡里出来,大家都累了,不想再玩了。但是还有小狮子呢。它的梦乡里又有什么呢?

Il leoncino ha nostalgia di casa e vuole tornare nel caldo, accogliente letto.
E gli altri pure.

E là inizia ...

小狮子想家了。它想回到它热呼呼的被窝里。
Xiǎo shīzi xiǎngjiā le. Tā xiǎng huídào tā rèhūhū de bèiwō lǐ.

大家也都开始想家了。
Dàjiā yě dōu kāishǐ xiǎngjiā le.

于是。。。
Yúshì ...

... il più bel sogno
di Lulù.

。。。露露

... Lùlu

走进 了她最 美丽 的梦乡。

zǒujìn le tā zuì měilì de mèngxiāng.

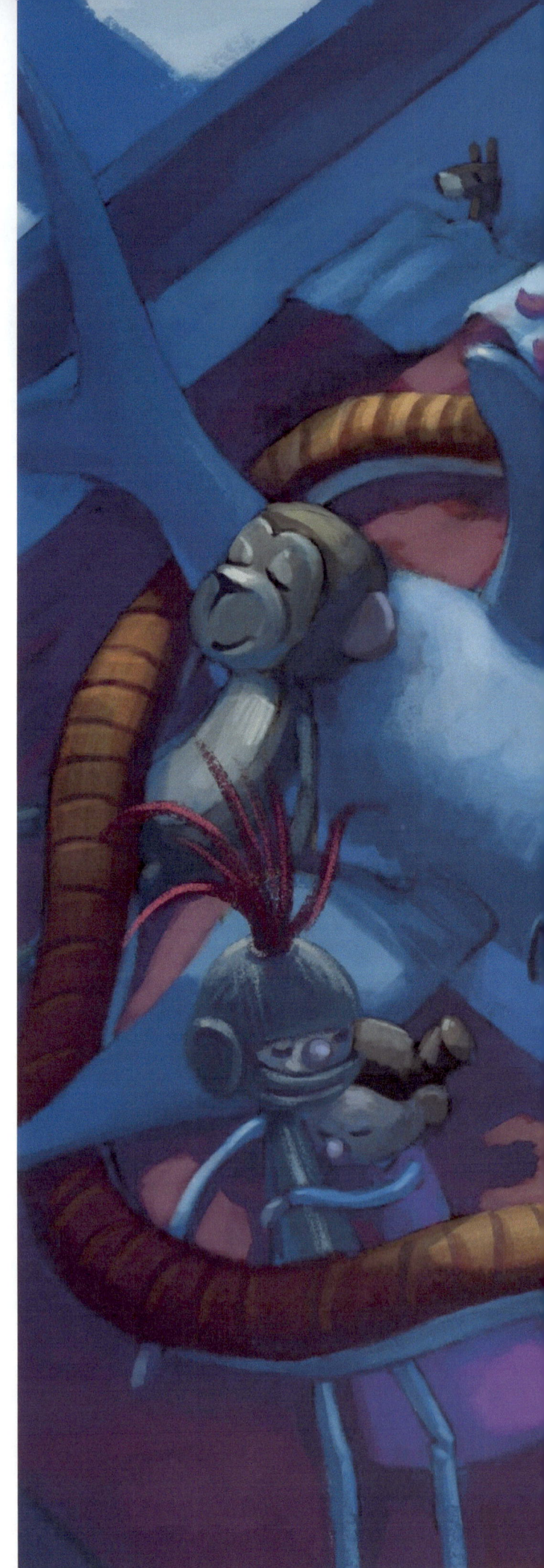

Ulrich Renz • Marc Robitzky

I cigni selvatici

野天鹅

Yě tiān'é

Traduzione:

Emanuele Cattani, Clara Galeati (italiano)

Isabel Zhang (cinese)

Audiolibro e video:

www.sefa-bilingual.com/bonus

Accesso gratuito con la password:

italiano: **WSIT1829**

cinese: **WSZH3517**

Ulrich Renz · Marc Robitzky

I cigni selvatici

野天鹅
Yě tiān'é

Tratto da una fiaba di

Hans Christian Andersen

+ audio   + video

italiano   bilingue   cinese

C'erano una volta dodici figli di un re – undici fratelli ed una sorella più grande, Elisa. Vivevano felici in un bellissimo castello.

很久 很久 以前、有 十二个 国王 的孩子 — 十一个 兄弟 和
Hěnjiǔ hěnjiǔ yǐqián, yǒu shíèrgè guówáng de háizǐ — shíyīgè xiōngdì hé

一个姐姐, 爱丽萨。他们 幸福 地 生活 在 一座 美丽的 宫殿 里。
yīgè jiějiě, Àilìsà. Tāmén xìngfú de shēnghuó zài yīzuò měilì de gōngdiàn lǐ.

Un giorno la madre morì, e poco tempo dopo il re si risposò. La nuova moglie però era una strega cattiva. Con un incantesimo, trasformò gli undici principi in cigni e li mandò molto lontano, in un Paese al di là della grande foresta.

有一天,母亲去世了。不久后,国王又结婚了。新王后是一个恶毒的巫婆。她用魔法把十一个王子变成了天鹅,然后把他们送到了大森林那边一个遥远的国家。

Vestì la ragazza di stracci e le spalmò sul volto un orribile unguento, tanto che nemmeno il padre riuscì più a riconoscerla e la cacciò dal castello. Elisa corse nella foresta tenebrosa.

她给女孩穿上了破烂的衣服,脸上
Tā gěi nǚhái chuān shàng le pòlàn de yīfú, liǎnshàng

抹着丑陋的药膏,以至于女孩的父亲
mǒzhe chǒulòu de yàogāo, yǐ zhìyú nǚhái de fùqīn

没有认出她而把她赶出了宫殿。
méiyǒu rènchū tā ér bǎ tā gǎn chū le gōngdiàn.

爱丽萨跑进了黑暗的森林里。
Àilìsà pǎojìn le hēiàn de sēnlín lǐ.

Ora era completamente sola, e desiderava con tutto il cuore rivedere i suoi fratelli scomparsi. Quando venne la sera, si fece un letto di muschio sotto un albero.

现在 她独自一人，心灵 深处
Xiànzài tā dúzì yīrén, xīn líng shēnchù

十分 想念 失踪 的兄弟们。
shífēn xiǎngniàn shīzōng de xiōngdìmén.

天 黑了，她在 树下 铺了
Tiān hēi le, tā zài shùxià pū le

一张 青苔 床。
yīzhāng qīngtái chuáng.

La mattina dopo giunse ad un lago calmo, e rimase sconcertata nel vedere il proprio riflesso nell'acqua. Ma appena si pulì, divenne la più bella principessa sulla faccia della terra.

第二天 清晨， 她来到 一个安静 的湖边。
Dìèr tiān qīngchén, tā láidào yīgè ānjìng de húbiān.

当 她看见 水中 自己的 倒影 时，
Dāng tā kànjiàn shuǐzhōng zìjǐ de dǎoyǐng shí,

她很 吃惊。不过, 当 她洗浴之后,
tā hěn chījīng. Bùguò, dāng tā xǐyù zhīhòu,

她又 是 天下 最美丽 的 公主 了。
tā yòu shì tiānxià zuì měilì de gōngzhǔ le.

Molti giorni dopo, Elisa raggiunse il grande mare. Tra le onde, oscillavano undici piume di cigno.

许多天之后,爱丽萨来到了
Xǔduō tiān zhīhòu, Àilìsà láidào le

大海边。波浪上漂荡着
dàhǎi biān. Bōlàng shàng piāodàng zhe

十一片天鹅的羽毛。
shíyī piàn tiān'é de yǔmáo.

Quando il sole tramontò, ci fu un fruscio nell'aria, e undici cigni si posarono sull'acqua. Elisa riconobbe immediatamente i propri fratelli stregati. Ma dato che parlavano la lingua dei cigni, lei non li poté capire.

当太阳下山时,空中传来一片噪声,十一只野天鹅降落在海面上。爱丽萨马上认出了被施了魔法的兄弟们。

不过,因为他们说着天鹅的语言,她无法听懂。

Durante il giorno i cigni volavano via, e la notte si accoccolavano tutti assieme alla sorella in una grotta.

Una notte, Elisa fece uno strano sogno. Sua madre le disse come avrebbe potuto liberare i suoi fratelli. Avrebbe dovuto tessere delle camicie di ortiche per ognuno di loro e poi lanciargliele. Fino a quel momento però, non le era concesso dire una sola parola, altrimenti i suoi fratelli sarebbero morti.
Elisa si mise immediatamente al lavoro. Sebbene le mani le bruciassero, continuò a tessere senza stancarsi.

白天，天鹅飞走了，晚上　他们　就相拥　在 一个 山洞　里。
Báitiān, tiān'é fēizǒu le, wǎnshàng tāmén jiù xiāngyōng zài yīgè shāndòng lǐ.

一天 夜晚，爱丽萨做了一个奇怪 的 梦：她母亲 告诉 她，
Yītiān yèwǎn, Àilìsà zuò le yīgè qíguài de mèng：tā mǔqīn gàosù tā,

怎样　才能　搭救她的兄弟们。爱丽萨要 用　荨麻　给 每只
zěnyàng cái néng dājiù tā de xiōngdìmen. Àilìsà yào yòng qiánmá gěi měizhī

天鹅 织一件 小　衬衫，　然后　披在他们 的身上。　但是，
tiān'é zhī yījiàn xiǎo chènshān, ránhòu pīzài tāmén de shēnshàng. Dànshì,

直到　那时，她不许说　一句话，否则 她的 兄弟们　就 会死去。
zhí dào nàshí, tā bùxǔ shuō yíjù huà, fǒuzé tā de xiōngdìmén jiù huì sǐqù.

爱丽萨马上　开始 了工作。　虽然 她的 手　像　火燎　一样，
Àilìsà mǎshàng kāishǐ le gōngzuò. Suīrán tā de shǒu xiàng huǒliáo yīyàng,

她还是 不知 疲倦 地 编织。
tā háishì bùzhī píjuàn de biānzhī.

Un giorno, si sentirono corni da caccia in lontananza. Un principe venne cavalcando con il suo seguito e presto le fu di fronte. Non appena i due si guardarono negli occhi, si innamorarono.

有一天，远处 响起 打猎的 号角。
Yǒu yītiān, yuǎnchǔ xiǎngqǐ dǎliè de hàojiǎo.

一个王子 和他的 侍从 骑马 过来，
Yīgè wángzǐ hé tā de shìcóng qímǎ guòlái,

不一会儿便 站 在了她的 面前。
bù yīhuìér biàn zhàn zài le tā de miànqián.

当 两个 人看 着 对方 的 眼睛 时，
Dāng liǎnggè rén kàn zhe duìfāng de yǎnjīng shí,

他们 彼此相爱 了。
tāmén bǐcǐ xiāngài le.

Il principe fece salire Elisa sul cavallo e la condusse al proprio castello.

王子 把 爱丽萨 托上 马,
Wángzǐ bǎ Àilìsà tuōshàng mǎ,
和她 一起 骑回了他的王宫。
hé tā yīqǐ qíhuí le tā de wánggōng.

Il potente tesoriere fu tutto fuorché felice dell'arrivo della principessa muta. La propria figlia sarebbe dovuta diventare la sposa del principe.

这个 沉默 美人 的 到来 让 强势
Zhège chénmò měirén de dàolái rang qiángshì
的司库很 不 愉快。他自己 的女儿才
de sīkù hěn bù yúkuài. Tā zìjǐ de nǚér cái
应该 成为 王子 的新娘。
yīnggāi chéngwéi wángzǐ de xīnniáng.

Elisa non si era dimenticata dei suoi fratelli. Ogni sera continuava il suo lavoro sulle camicie. Una notte uscì per andare al cimitero a cogliere delle ortiche fresche. Il tesoriere la osservò di nascosto.

爱丽萨没有 忘记 她的 兄弟们。
Àilìsà méiyǒu wàngjì tā de xiōngdìmen.

每天 晚上 她继续 编织 小 衬衫。
Měitiān wǎnshàng tā jìxù biānzhī xiǎo chènshān.

一天夜晚, 她到 墓地去 采集新鲜 的 荨麻。
Yītiān yèwǎn, tā dào mùdì qù cǎijí xīnxiān de qiánmá.

此时司库 偷偷 地观察 着 她。
Cǐshí sīkù tōutōu de guānchá zhe tā.

Non appena il principe partì per una battuta di caccia, il tesoriere gettò Elisa nelle segrete. Affermò che fosse una strega che si incontrava con altre streghe durante la notte.

王子 刚刚 出去 打猎,司库就把
Wángzǐ gānggāng chūqù dǎliè, sīkù jiù bǎ
爱丽萨扔进 了地牢。
Àilìsà rēngjìn le dìláo.
他声称, 她是 一个巫婆,在夜晚
Tā shēngchēng, tā shì yīgè wūpó, zài yèwǎn
和 其他的 巫婆 会面。
hé qítā de wūpó huìmiàn.

All'alba, Elisa venne presa da delle guardie, per venir poi bruciata nella piazza del mercato.

天刚 蒙蒙 亮,卫兵 就把
Tiān gāng mēngmēng liàng, wèibīng jiù bǎ
爱丽萨带了出来,他们 要 在 市政
Àilìsà dài le chūlái, tāmen yào zài shìzhèng
广场 烧死 她。
guǎngchǎng shāosǐ tā.

Non appena fu lì, arrivarono undici cigni bianchi volando. Elisa lanciò rapidamente una camicia a ciascuno di loro. Poco dopo, tutti i suoi fratelli si trovarono dinanzi a lei con sembianze umane. Solo il più piccolo, la cui camicia non era stata del tutto completata, mantenne un'ala al posto di un braccio.

她还没有到达那儿，突然飞来十一只白天鹅。爱丽萨迅速将荨麻衬衫抛到每个天鹅的身上。很快她的兄弟们都现出了人形，站在她面前。只有最小的还有一只翅膀，因为他的衬衫还没有完全织好。

I fratelli si stavano ancora baciando e abbracciando quando arrivò il principe. Finalmente Elisa gli poté spiegare tutto. Il principe fece rinchiudere il tesoriere malvagio nelle segrete. Dopodiché, si celebrò il matrimonio per sette giorni.

E vissero tutti felici e contenti.

当 王子 回来 时,兄弟 姐妹们 还没 亲热够呢。爱丽萨
Dāng wángzǐ huílái shí, xiōngdì jiěmèimen hái méi qīnrè gòu ne. Àilìsà

终于 向 他解释了一切。王子 把恶毒 的司库 投进了地牢。
zhōngyú xiàng tā jiěshì le yíqiē. Wángzǐ bǎ èdú de sīkù tóujìn le dìláo.

随后 庆祝 了七天 的 婚礼。
Suíhòu qìngzhù le qī tiān de hūnlǐ.

从此 以后,他们 过着 幸福 快乐 的 日子。
Cóngcǐ yǐhòu, tāmen guòzhe xìngfú kuàilè de rìzi.

Hans Christian Andersen

Hans Christian Andersen nacque nella città danese di Odense nel 1805 e morì nel 1875 a Copenaghen. Divenne famoso in tutto il mondo con le sue fiabe letterarie come „La Sirenetta", „I vestiti nuovi dell'imperatore" e „Il brutto anatroccolo". Il racconto in questione, „I cigni selvatici", fu pubblicato per la prima volta nel 1838. È stato tradotto in più di cento lingue e adattato a una vasta gamma di media, tra cui il teatro, il cinema e il musical.

Barbara Brinkmann è nata a Monaco di Baviera (Germania) nel 1969. Ha studiato architettura a Monaco e attualmente lavora alla facoltà di architettura dell'Università Tecnica di Monaco. Lavora anche come grafica, illustratrice e autrice.

Cornelia Haas è nata nel 1972 vicino ad Augusta (Germania). Ha studiato design all'Università di Scienze Applicate di Münster e si è laureata in design. Dal 2001 illustra libri per bambini e ragazzi e dal 2013 insegna pittura acrilica e digitale all'Università di Scienze Applicate di Münster.

Marc Robitzky, nato nel 1973, ha studiato alla Scuola Tecnica d'Arte di Amburgo e all'Accademia di Arti Visive di Francoforte. Lavora come illustratore freelance e designer della comunicazione ad Aschaffenburg (Germania).

Ulrich Renz è nato a Stoccarda nel 1960. Dopo aver studiato letteratura francese a Parigi, ha completato gli studi di medicina a Lubecca e ha lavorato come direttore in una casa editrice scientifica. Oggi Renz è un autore indipendente e scrive libri per bambini e ragazzi oltre a libri di saggistica.

Ti piace disegnare?

Qui puoi trovare tutte le immagini della storia da colorare:

www.sefa-bilingual.com/coloring